O³ₐ
613

BIBLIOTHÈQUE DE LA PROVINCE

ÉTUDES PRÉHISTORIQUES SUR LES MIGRATIONS DES PEUPLES

L'ÉGYPTE DANS L'INDE

4,000 ANS AVANT JÉSUS-CHRIST

PAR

ÉMILE DUJON

Professeur d'Histoire à l'Association philotechnique de Paris

PRIX : UN FRANC

PARIS
C. MARPON & E. FLAMMARION, ÉDITEURS
Rue Racine, 26, près l'Odéon

1884

BIBLIOTHÈQUE DE LA PROVINCE

ÉTUDES PRÉHISTORIQUES SUR LES MIGRATIONS DES PEUPLES

L'ÉGYPTE DANS L'INDE

4,000 ANS AVANT JÉSUS-CHRIST

PAR

ÉMILE DUJON

Professeur d'Histoire à l'Association philotechnique de Paris

PARIS
C. MARPON & E. FLAMMARION, ÉDITEURS
Rue Racine, 26, près l'Odéon
—
1884

A M. ERNEST RENAN

Hommage respectueux de son disciple

ÉMILE DUJON.

L'EGYPTE DANS L'INDE

4.000 ANS AVANT JÉSUS-CHRIST

AVANT-PROPOS

I

Les monuments de l'antique Egypte sont en danger : le conflit anglo-arabe ou plutôt la lutte des Arabes défendant à outrance leur sol africain, menace, sinon de destruction du moins de mutilation, les restes majestueux et imposants d'une brillante civilisation éclose sur les bords du Nil. La presse française, par l'organe de M. E. Renan, vient de pousser le cri d'alarme. Certes, nous comprenons, nous qui nous livrons aux études égyptologiques, le cri de détresse jeté par l'éminent écrivain. Ne doit-il pas ses plus belles pages aux révélations des documents laissés par un monde disparu ? N'est-ce pas à l'aide des ruines gigantesques du passé que les temps antiques sont, en effet, défrichés ? Elles jettent des clartés soudaines, illuminant les profondeurs de nos origines, faisant revivre l'humanité qui peupla les périodes diurnes. Pour qui sait les interpréter, l'esprit remonte, d'un coup d'aile, à la formation des sociétés : il arrive à travers les générations de héros, de demi-dieux et de dieux, jusqu'au chaos de la vie nomade de nos ancêtres.

Voilà des titres historiques qui, seuls, suffisent à plaider en faveur de la conservation, de l'inviolabilité de ces précieux monuments, plantés comme des jalons lumineux et qui semblent défier les siècles et les injuries des temps.

Mais à côté de la note historique vibre la note patriotique : M. Renan fait appel aux Français !

Oui, la France, avant toute autre nation, a le droit d'intervenir ici et de prendre l'initiative de la défense de ces temples, de ces murailles, de ces pyramides, de ces obélisques, de ces colosses... vieux témoins qui ont perdu leur mutisme et livré leurs secrets aux patientes investigations de nos savants compatriotes. L'école française, armée de sa critique historique nette et méthodique, a découvert tout un horizon à travers les époques crépusculaires des sociétés. Faut-il citer les noms de Champollion, d'Anquetil-Duperron, de Dubois de Montpéreux, de d'Herbelot, de Rougé, de Mariette-Bey, mort récemment, et de leurs dignes continuateurs : Maury, Halévy, Régnier, Barthélemy-Saint-Hilaire, Renan, Lenormant, trop tôt enlevé à cette science de *résurrection*, selon l'expression heureuse de Michelet, Maspéro, l'actif directeur actuel du musée de Boulacq, et une foule d'autres encore, pour montrer quelle belle part de gloire revient à notre patrie dans le domaine de la science historique ?

Est-il, dans ce cas, un plus bel exemple de gratitude à donner que d'imposer le respect aux vestiges qui ont enfanté tant de célébrités ? Plusieurs de nos savants ont trouvé la mort en déblayant le sol égyptien qui monte comme une marée lente et recouvre de sable les monuments de la première des civilisations. Les plus hauts colosses en avaient jusqu'à la ceinture. Les hardis pionniers ont fouillé ces palais splendides, aujourd'hui cryptes profondes ; ils en ont extrait des trésors, mais la millième partie de ce qu'il faudrait encore pour deviner complètement le sphinx enseveli. Voilà pourquoi il faut, à tout prix, préserver de la plus petite égratignure toute inscription, toute trace symbolique : sur cette terre énigmatique, tout raconte et livre à la postérité ce qu'on regardait comme devant demeurer toujours secret et mystérieux. Le Christ a rendu le sens perdu aux aveugles, aux sourds : de même la France a fait parler des muets.

II

Tandis que l'Europe n'offrait que forêts et marécages où l'homme errait parmi les bêtes fauves, l'Asie présentait le spectacle de sociétés considérables, les unes nomades, les autres sédentaires, munies des instruments de la civilisation et mêlant parfois à la vie pastorale les arts plus avancés des constructeurs de villes. Abraham, Ninus, Djemschid, Inachus, qu'ils soient des êtres réels ou simplement les éponymes de grandes confédérations de tribus, viennent se placer entre le XXII° et le XVII° siècle. L'établissement des Aryas près du Gange et de la Jumnah ne paraît pas remonter plus haut, car les plus anciennes traditions védiques se rattachent à une époque où ils habitaient une région située au nord-ouest de l'Inde, conjointement avec les ancêtres des Perses. Les Chinois reportent leur premier roi à l'an 2900. Mais, si reculées que paraissent ces dates, elles perdent leur importance lorsqu'on les rapproche de la chronologie égyptienne, dont l'immense durée se confirme davantage à mesure que de nouvelles découvertes nous font pénétrer plus avant dans son passé. Derrière l'antiquité que nous connaissons s'en déroule une autre dont nous commençons seulement à soupçonner l'étendue.

Lorsqu'on voit apparaître cet imposant empire d'Egypte avec ses trente-et-une dnasties de rois, régnant pendant un laps de temps que les calculs les plus modérés placent entre cinq et six mille ans avant notre ère, sans y comprendre les dynasties divines et celles des *Nékuas* ou héros ; lorsque, se défiant des nombres dont se compose cette période si disproportionnée avec la durée ordinaire des institutions humaines, on porte les regards sur les tombes voisines des Pyramides et sur cette cité funéraire récemment mise au jour par M. Mariette dans l'emplacement de Memphis, où sont retracés les mille détails de la vie agricole, industrielle ou domestique des Egyptiens sous les dynasties qui précédèrent l'invasion des Pasteurs, on demeure confondu et l'on se demande combien de siècles il avait fallu pour mettre le peuple égyptien aussi complètement en possession du génie qui conçoit et de la main qui exécute. De plus, si l'on songe aux expéditions lointaines de leurs premiers monarques dans le but d'étendre les bienfaits de cette civilisation, et à l'assertion des prêtres de Thèbes, répétée par Diodore, que l'Egypte avait jadis rempli le monde de ses colonies ; si l'on observe que depuis les temps héroïques une civilisation en a toujours enfanté une autre, qui l'a développée et perfectionnée jusqu'aux temps modernes où elle embrasse le globe, on en vient à conclure que l'Egypte a été le point lumineux, le foyer primitif d'où est parti le rayon fécondateur de l'intelligence humaine.

Il résulte de cette donnée que les notions premières trouvées par les Egyptiens forment la base de toute civilisation, et qu'elles sont les racines de la science, de l'art et de la religion. Par conséquent l'Egypte a connu le principe de la tradition ; cette manifestation d'abord naïve de la conscience a eu dès lors pour premier mode d'expression l'hiéroglyphe ; au début, purement figurative, cette écriture a dû, en effet, précéder toutes les autres, et une étude attentive peut en discerner les progrès dans le passage du figuré au symbole et du symbole au signe phonétique, du cartouche égyptien aux groupes chaldéens et sanscrits, pour arriver à la lettre libre des idiomes modernes.

L'Inde reste donc bien arrière, elle qu'on avait mise jusqu'alors en avant. Dans son organisation civile et religieuse on retrouve, comme dans les arts et les sciences qui y fleurirent, l'empreinte ineffaçable de cette grande civilisatrice des bords du Nil.

I

L'Egypte et l'Inde, voilà deux contrées où les évolutions de nos voisins d'outre-mer attirent les regards du monde civilisé ! Un sentiment de curiosité est éveillé dès qu'il est question de ces deux belles régions qui, pour l'archéologue et l'historien, renferment des richesses incalculables que la science exploitera sans jamais les épuiser.

Ce n'est point en politicien que nous venons parler ici de ces vieilles nations, témoins pétrifiés du mouvement des peuples, mais en explorateur qui veut faire revivre ces institutrices du genre humain. Aussi partageons-nous les craintes de notre maître, M. E. Renan. Encore une fois, n'oublions pas que c'est à l'exégèse française que revient l'honneur d'avoir rendu la parole à ces débris muets, âgés d'au moins soixante siècles.

On ne peut guère contester que des rapports aient autrefois existé, malgré la distance, entre l'Egypte et l'extrémité de la presqu'île de l'Inde. On a trouvé au cap Comorin un zodiaque semblable en tout point à celui qui figure au plafond du temple d'Esné. Dans les deux planisphères, c'est la constellation d'Isis (ou de la Vierge) qui occupe le centre. On sait d'ailleurs que l'île de Ceylan n'a été qu'incomplètement pénétrée par la conquête aryenne, et que sa langue est même tout à fait différente du sanscrit. Elle est, croit-on, la source du langage *bali* ou *pali* usité dans le royaume de Siam et de Magadha ; il était même parlé antérieurement au sanscrit par les populations qui habitaient l'Inde avant la venue des Aryas, comme le Tamoul, le Telinga, le Carnatique.

Les premiers livres de la religion boudhique sont écrits en *pali*. Si ce langage fut réellement celui que parlaient ces peuples étrangers que mentionnent fréquemment les poètes sanscrits, et qu'ils nomment *M'letch'las* et *Vawaras*, il y a là une étude intéressante à faire en rapprochant ce langage du *ghez*, langue primitive de l'Ethiopie, et de l'*himyarite*, ancien idiome de l'Yémen dont l'identité a été parfaitement constatée par des recherches récentes.

Le monde savant s'est, en effet, vivement ému, il y a quelques années, des belles découvertes faites dans l'Yémen par un de nos compatriotes, M. Arnaud [1], enlevé prématurément à la science, et par un officier anglais, M. Cruttenden, qui ont déchiffré plusieurs inscriptions en une langue à peu près disparue, puisqu'elle n'est plus parlée que dans quelques localités fort reculées au fond de l'Arabie.

---

[1] M. Arnaud a rapporté du Yémen plus de 40 inscriptions himyarites. De son côté M. Fresnel, en parcourant les provinces de Mahrah et des bords du Golfe persique, a retrouvé là, vivante, cette langue que l'on croyait disparue totalement. On peut trouver dans le beau livre de M. E. Renan, « Langues sémitiques » une analyse raisonnée et complète de ces intéressants travaux.

On ne retrouve l'ancien himyarite qu'à Zéphar et aux environs de Mareb et de Sana, autrefois cités populeuses et centres de l'empire arabique des enfants d'Himyar.

Il est indiscutable que les analogies du langage sont un des plus sûrs indices de l'analogie des races. On peut suivre une migration, pour ainsi dire à la piste, au moyen des dénominations qu'elle laisse sur son passage, et il suffit parfois d'un mot pour retrouver une trace, faute d'un renseignement direct. Nous avons donc recours à ce moyen d'investigation pour établir les rapports et même l'intime union des migrations égyptiennes avec les peuplades de l'Inde asiatique, à des temps fort reculés.

L'idiome himyarite a été reconnu dans ses signes comme une variante très ancienne du phénicien. Il offre de grandes ressemblances avec le ghèz, à tel point que l'alphabet de l'un a pu servir aux savants de l'Académie de Berlin à déchiffrer l'autre. Cette découverte est extrêmement précieuse en ce qu'elle donne lieu de supposer que l'himyarite est une langue éthiopienne modifiée par un mélange d'idiomes asiatiques. Les auteurs arabes nous apprennent, en effet, que l'himyarite se parlait en Asie au temps des rois de Bahel. Hamzah rapporte qu'on lisait dans un édifice de la ville de Balkh une inscription en caractères himyarites commençant par ces mots : « Au nom de Dieu, Chammis-Yerach a élevé ce monument à la divinité Soleil. »

Après la philologie, consultons l'histoire.

Suivant la tradition égyptienne rapportée par Diodore, Osiris avait dépassé le Gange avec son armée et touché les rivages de l'Océan indien. Sur quel point ? C'est ce que l'auteur ne dit pas. Dans l'île de Ceylan s'élève, à près de six mille pieds de hauteur, une montagne à laquelle on a donné le nom de *Pic d'Adam*. Au sommet, on voit gravée dans le roc la forme d'un pied colossal, et les missionnaires, ainsi que les Arabes, ont bâti là-dessus la légende bien connue de la descente d'Adam sur terre, lorsqu'il fut chassé du Paradis terrestre. Il serait tombé en ce lieu et y aurait laissé l'empreinte de son pied. Les Hindous appellent cette marque *ssri-pouda*. Il semblera sans doute assez conjectural d'interpréter cette qualification par pied d'Osiris, et Adam par At-Ham, le chef de Ham. Pourtant cette hypothèse prendrait une certaine valeur dans la légende des Singalais eux-mêmes, qui prétendent que cette empreinte est celle du pied de *Piromis*. En ouvrant Hérodote, nous y lisons que ce terme signifiait en ancien égyptien : bon et vertueux, et que les prêtres de Thèbes conservaient dans le temple les statues colossales de trois cent quarante-cinq *Piromis*, objets de leur vénération.

Or, en langue singalaise, le mot *pirimia* a exactement le même sens ; d'où l'on peut induire raisonnablement que la dénomination primitive du monument fut égyptienne. Ajoutons à cet indice que les Arabes donnent au Pic d'Adam le nom de montagne de *Rhahoun*, identique à l'égyptien *pi-rha-houn* ou *phraoun*, désignation habituelle des souverains de l'Egypte.

Sans doute il n'y a dans ces indices rien d'assez positif pour qu'on puisse affirmer que l'empreinte à laquelle les pèlerins de toute religion vont faire leurs dévotions, appartient à Osiris, et qu'on doive en conclure qu'il s'avança jusqu'aux extrémités de la péninsule. Toutefois, rien ne prouve le contraire.

Il n'est pas impossible qu'après avoir longé le Gange jusqu'à son embouchure, le héros ait suivi la côte orientale jusqu'au cap Comorin. Là, il aurait traversé le bras de mer qui sépare Ceylan du continent, par le même moyen qu'on prête au héros brahmanique Rama, pour qui le roi des Singes, Hanouman, construisit un pont de rochers. L'auteur du Ramayana aura probablement emprunté cette légende à une tradition plus ancienne, car le dieu Hanouman dont le père se nomme *Paswan*, a tous les caractères du *Pan* des Occidentaux. Comme lui, il est un des huit grands dieux, et il inventa des instruments. Les mythographes disent même que le dieu Pan fut un des principaux chefs de l'armée d'Osiris.

Parmi les soldats du prince égyptien se trouvaient de ces artistes auxquels le Nil doit ses plus beaux monuments. Nous en avons pour preuve ces stèles et ces statues gigantesques, d'un grand caractère, qui sont comme les jalons destinés à indiquer les lieux d'arrêt et de passage de ces expéditions lointaines. Il se pourrait donc que le pied colossal taillé dans le roc à la cime du Pic ait été leur ouvrage : ils marquaient ainsi, pour en éterniser la mémoire, l'endroit où le roi voyageur, ne voyant plus l'Océan autour de lui, arrêta son dernier pas, là où la terre lui manquait « *ubi defuit orbis.* »

Ce qu'il y a de remarquable dans cet indice choisi, c'est qu'il n'est pas le seul. Au Thibet, on adore un pied monumental appelé pied de Boudha. D'un autre côté, Hérodote raconte que sur un roc près du Tyras, fleuve de la Thrace, on voyait la marque d'un pied énorme, long de deux coudées, qu'on disait être celle du pied d'Hercule. Hérodote et Diodore s'accordent pour donner la Thrace comme étant la limite où s'arrêta le monarque égyptien dans sa marche vers l'Occident, pour revenir ensuite sur ses pas. L'identité de ce signe avec celui du pic de Ceylan, à l'autre extrémité de sa carrière, donnerait alors le sens de ces deux monuments d'un peuple civilisé dans deux pays sauvages, et si bien en harmonie, d'ailleurs, avec le génie symbolique du peuple égyptien que, quel qu'en soit le sens, on ne saurait l'attribuer à aucun autre.

II

Si une étude attentive des races et des traditions révèle la communication fort ancienne qui eut lieu entre l'Inde méridionale et l'Egypte, pendant une période assez étendue, les témoignages fournis aussi par les monuments ne sont pas à dédaigner. Il ne sera donc pas inutile d'interroger, même sommairement, notre cadre étant fort restreint, ces témoins muets mais riches et expressifs, ne fût-ce que pour engager à des recherches encore plus approfondies.

A Karanak, le synonyme du Karnac d'Egypte, est un ancien temple situé au bord de la mer et dédié au Soleil : on l'appelle la *pagode noire.* La porte a tout à fait l'apparence d'une porte égyptienne et l'illusion ne cesse que lorsqu'on examine l'ornementation, dont le goût est différent : deux éperviers se dressent aux angles. Cette pagode porte le nom sémitique d'*Arka*, le sanctuaire. On disait qu'un aimant énorme placé au sommet attirait les vaisseaux qui passaient au loin. C'est la fable bien connue que raconte le troisième calender dans les contes arabes, et qui se rapporte à la pierre d'aimant qui servait originairement de symbole à l'étoile Vénus.

Les plus anciennes pagodes de l'Inde n'ont d'abord été que des excavations pareilles à celles qu'on rencontre dans l'Abyssinie et le Caucase.

Telles sont Eléphanta et Elloa (*El-Hor*) ; les figures qu'elles renferment sont d'une exécution incontestablement supérieure à celles que l'on voit dans les temples plus modernes.

Si l'Inde était explorée comme l'a été l'Egypte depuis un demi siècle, sa renommée artistique grandirait singulièrement dans l'opinion du monde. C'est précisément dans les plus anciens de ses monuments, créés à une époque où la race n'avait pas encore dégénéré sous la servitude et l'influence d'un croisement prolongé avec les races inférieures, que l'on voit apparaître un reflet du génie qui éclate aux bords du Nil. Le colonel Call, qui fut ingénieur en chef à Madras, affirme qu'aucune partie du monde n'offre de vestiges d'antiquités dans les arts, les sciences de tout genre, en plus grande abondance que la péninsule de l'Inde, à partir du Gange jusqu'au cap Comorin. Quelques pagodes, par la grandeur de leur architecture et la délicatesse du travail, dépassent ce qui se fait de nos jours. Ces monuments acquièrent un mérite plus rare encore, si l'on songe à la distance considérable d'où les matériaux ont dû être transportés, et à la hauteur à laquelle les masses de pierres ont été élevées. Ce sont les mêmes opinions qu'exprimèrent, au siècle dernier, les voyageurs qui visitèrent l'Egypte ; et l'on arrive naturellement à cette conclusion : que des créations aussi analogues ont dû être inspirées par le même génie.

On a conçu en Europe une idée défavorable de l'architecture indienne, (mais de nos jours on en revient), en la jugeant d'après les nombreuses pagodes construites depuis environ dix siècles, où le grotesque se mêle souvent au monstrueux. Le goût trivial qui règne en Chine pénétra avant la conquête mogole dans la péninsule et substitua son réalisme grossier et son fantastique extravagant à la majesté des anciens temples. Il y en a où se trouvent réunis les styles les plus discordants. Une porte encadrée de filets droits, comme celles de Louqsôr, est traversée par un entablement portant des figures accroupies pareilles à celles des pagodes chinoises, tandis qu'au-dessus se dressent des ogives sarrazines qui rappellent les mosquées de l'Arabie. Il faut se dire qu'au temps où furent construits ces édifices, les Hindous, abrutis par le régime stupéfiant des castes et la domination étrangère, n'inventaient plus depuis longtemps et se bornaient à reproduire machinalement les formes architecturales des peuples qui leur imposaient leur caractère et leur génie. Ainsi, tandis que l'Hindoustan devenait persan et mogol, la péninsule devenait arabe par l'influence des relations commerciales avec l'Yémen.

Le cachet de force et de grandeur qui marque les constructions coushites se retrouve dans les monuments du Dékan. On y voit des ruines de forteresses plus puissantes que celles du Bengale, et dont l'étendue est considérable, admirablement situées pour la défense ; quelques-unes, où l'art a complété la nature, sont imprenables.

A Balwanta, à seize milles de Cuttack (Cuth), on découvre avec étonnement, parmi les halliers, les restes d'une ville immense. Au centre s'élève la grande pagode de *Ling-Raï,* le seigneur du Lingam, à qui on ne saurait mieux comparer le dieu Pan, qui lui-même se confond souvent avec Priape, le symbole de la fécondité de la nature. Nous savons, en effet, que le *phallus,* image grotesque du dieu des champs, figurait à la procession des bacchanales et aux fêtes d'Osiris. Or, le *lingam* n'est pas autre chose qu'une représentation honteuse taillée dans une pierre, comme celle de Priape, qui plus tard sert de limite aux jardins.

Le culte d'Osiris et celui du Lingam se confondirent, car c'est sous cette dernière forme qu'est figuré le dieu hindou *Isouren.* « Quand il a la forme humaine, dit Abraham Rogas, il a un troisième œil au milieu du front, » ce qui est bien l'emblème du dieu égyptien. Pour rendre l'identité plus complète, le lingam est représenté dans l'Inde comme le phallus en Egypte : par la croix ansée que portent à la main toutes les images des Pharaons et les trente-six décans de la *Table Isiaque.*

L'architecture de la pagode que nous venons de citer est remarquable : on y voit d'innombrables figures d'animaux, de guerriers, de femmes . . . . . et sur les portes sont représentées les neuf étoiles, dont sept désignent les jours de la semaine, et les deux autres, les types mystiques de l'ascension brahmanique : *Rahou* et *Kétou*, le premier sous la forme d'un crocodile tel que le Typhon d'Egypte, le second, semblable aux Tritons, a une queue de poisson.

La pagode de Mavalipouram, (Maha-bali-pour, la ville du grand Baal), est, au dire des savants, construite dans le style égyptien, sans voûte arquée. Le singe et l'éléphant y sont imités d'une façon remarquable; mais on y trouve aussi des lions fantastiques qui donnent à penser que les artistes, étrangers à l'Inde où ce fauve n'existe pas, n'avaient sculpté le lion que de souvenir ou d'après une tradition corrompue avec le temps. Un sphinx revêtu d'une armure d'écailles sert de support à l'une des colonnes. Dans cette même ville, on comptait sept pagodes; sur l'une on lit encore le nom de *Sib*, transition de Seb à Siva. Les caractères des inscriptions ne se rapportent point au sanscrit : ils semblent se rapprocher plutôt de la langue *bali*, langue sacrée des Siamois. La mer a englouti, avec une partie de la côte, la vaste cité qui s'éleva en ce lieu. Les anciens du pays rapportent qu'autrefois on découvrait encore à distance la cime des coupoles de cuivre au-dessus des flots.(Voir Laloubère, *Voyage à Siam*.)

Nous terminerons cette étude, qui demanderait, pour être complète, de trop longs développements, par quelques aperçus sur les racines de certains noms très caractéristiques.

Le monosyllabe *ag* ou *ak* que l'on rencontre fréquemment mêlé, comme radical, aux noms des nations primitives et de leurs dieux, est un signe assuré d'une origine égyptienne. *An*, nous le savons, signifie la Lune ; *at*, seigneur ou pays ; le nom de la divinité *Jagarnath* signifierait donc « roi du Soleil et de la Lune. » C'est aussi le sens du mot symbolique *Pranava*, (*phra-an-aba*) « les pères du Soleil et de la Lune » ou bien encore « le disque solaire et le croissant. » On retrouve encore ce sens dans le nom *Coromandel* (*Hôr-man-dhou*) « chef du Soleil et de la Lune. » Outre l'épithète de *Nil-Mahadeva*, le grand dieu du Nil, on donnait aussi à Jagarnath le titre de *Ssri-deo*, « le dieu Siri. » Il est vrai que c'est *Bal-Ram* « le dieu blanc » qui porte la coiffure du serpent, signe de souveraineté. Mais le plus sacré, et par conséquent le plus ancien, c'est Jagarnath. Suivant toute apparence, c'est Osiris même dont le visage est peint en gros vert sur les monuments d'Egypte, ou plutôt, c'est le type de la race noire, la plus ancienne dans le pays. *Hadra* représente la race égyptienne, et *Ram*, la race blanche.

Le culte de la pierre noire, dont l'origine se perd dans la nuit des temps, et qui eut un caractère essentiellement coushite, existait aussi dans l'Inde à une époque certainement antérieure au brahmanisme. Elle y reçoit toujours des hommages, comme à la Mecque, et l'un de ces symboles grossiers se voit dans le grand temple de Bénarès, consacré à Siva.

Ce dieu noir et sanguinaire est bien le même que *Séba,* le Saturne des Ethiopiens, et ses adorateurs sont encore maintenant les ennemis des Brahmanes et des Vischnavas, descendants des Aryens qui conquirent l'Inde sur les Mélekkas et les Vawaras, sectateurs de Siva.

III

Les Indianistes anglais, Colebrooke entre autres, ont remarqué que, dans l'Inde, la religion était moins ancienne que la nation. Ainsi dans les Védas, à mesure que l'on remonte à une antiquité plus haute, moins les dieux sont nombreux et moins ils s'élèvent au-dessus de la nature humaine. Ils finissent même par se réduire à deux ou trois qui ne sont pas ceux qui dominent plus tard, car la *trimurti* sacrée des brahmanes est comparativement récente. Et ceux-là sont plus révérés qu'adorés comme de puissants protecteurs auxquels on s'adresse pour obtenir les biens d'ici-bas. La théogonie égyptienne s'efface bien plus complètement encore en reculant vers l'âge primitif, et on arrive, en l'étudiant, à cette opinion qui paraitra peut-être trop simple, mais qui par cela même pourrait être la plus proche de la vérité, que les dieux égyptiens n'ont été d'abord que les patriarches des grandes tribus, des souverains organisateurs ou des inventeurs ingénieux, envers qui l'admiration, l'affection populaire prolongée au-delà du tombeau se transforma par degrés en un véritable culte.

En outre, nous nous rangeons à l'opinion du savant anglais William Jones qui déclare qu'un jour viendra où l'on découvrira toute la science de l'Egypte à l'aide des livres hindous, sans avoir besoin de déchiffrer la quantité innombrable de hiéroglyphes qu'elle a laissés sur ses monuments. Colebrooke émet la même opinion touchant l'unité primitive des langues sémitiques et hindoues, dont la forme actuelle nous apparaît cependant profondément distincte. On ne saurait nier, en effet, que l'histoire d'un peuple est complétée par l'histoire de celui avec lequel il est entré en relation et chez lequel il a laissé des traces ineffaçables en architecture, dans la langue, dans les mœurs, et dans la constitution sociale.

Mais de quelle région de l'Orient sortaient ces multitudes appelées Coushites, Ethiopiens, Edomites, Himyarites, Abyssins ? Quel foyer les avait lentement engendrées, pour les laisser échapper comme un torrent sur l'Asie et sur l'Afrique ? Venaient-elles d'un point unique ou s'étaient-elles agglomérées chemin faisant avec d'autres populations similaires parties de contrées différentes ? C'est là la question qu'il importerait de résoudre et qui recèle sans doute la clef de plus d'un mystère. L'incertitude qui règne à cet égard constitue une lacune qui, tant qu'elle subsistera, maintiendra le premier âge des peuples dans l'énigme.

C'est le côté d'ombre de belles découvertes d'où a jailli tant de lumière sur les familles aryenne et sémitique, car il est aujourd'hui démontré que ces familles sont arrivées en seconde ligne à une civilisation déjà faite, dont elles héritèrent et qu'elles ont surpassée à beaucoup d'égards.

L'isolement du peuple cophte, pendant ses premières dynasties, ne permet pas de supposer que les nations asiatiques soient venues puiser au bord du Nil la civilisation qu'elles s'assimilèrent et perfectionnèrent selon les penchants divers de leur génie : il faut donc admettre qu'elle leur fut apportée. Les prêtres de Thèbes, qu'on a accusés de forfanterie, disaient bien la vérité aux Grecs en leur affirmant que leurs colonies remplissaient le monde. L'histoire prouve cette existence coloniale sur de nombreux points, à l'aide de traditions locales pleines de clarté et d'évidence. Dés lors, les mille notions obscures et incohérentes que les peuples de l'Orient, de la Grèce et du nord de l'Europe ont conservées de leurs origines, se groupent autour de cette donnée, se coordonnent et s'éclairent mutuellement, non plus du faux-jour de la métaphysique, mais de la lumière vivifiante de l'histoire.

Le grand événement qui commence, à vrai dire, l'histoire de l'humanité, est dû certainement au guerrier aventureux, (qu'il s'appelle Osiris, Bacchus, Sésostris... peu importe), au chef initiateur et ambitieux qui parcourt le monde en répandant les découvertes et les institutions dues à l'esprit inventif de son peuple. Dans l'Asie centrale, à la Bactriane, dans l'Inde, sur l'Euphrate..., s'implantèrent à la fois une même langue, ou du moins des dialectes analogues, une même organisation politique modelée sur la marche des cieux, une même religion : celle des astres, qui se confondait avec le culte des ancêtres, une même industrie déjà divisée en arts et en métiers nombreux. De ces foyers divers partirent ensuite de nouvelles migrations qui, aux extrémités de l'Orient, au Thibet, en Chine, à Ceylan, dans la Sibérie, puis en Europe : dans la Grèce, l'Italie, la Celtique, la Germanie, l'Ibérie, etc... répandirent ce langage, cet ordre politique, cette religion, ces industries et ces sciences qui prospérèrent distinctement, d'après un développement individuel, particulier au génie de chaque race.

En résumé, le régime social est le même par la base, dans toutes les sociétés asiatiques et égyptiennes ; c'est partout l'absolutisme patriarcal en religion, en politique, dans la famille ; le seul dogme comme la seule loi, c'est la tradition. Cette immobilité fut bien le principe qui régla la société égyptienne. En mesurant l'étendue de la zône qu'occupe cette série de peuples vivant d'une pensée uniforme, et si peu divers par la physionomie, on s'aperçoit qu'elle est contenue dans les limites qu'embrassèrent jadis les colonies d'Osiris. L'empreinte de l'Egypte primitive y est restée visible, depuis six ou cinq mille ans. Son âme, l'âme de la race, y vit et s'est perpétuée, immuable comme les Pyramides, à travers les métamorphoses subies par les nombreuses générations de ces Coushites qu'elle sema sur la face du globe pour y déposer les germes de sa civilisation.

Paris, Imprimerie Noizette, 8, rue Campagne-Première.

www.ingramcontent.com/pod-product-compliance
Lightning Source LLC
Chambersburg PA
CBHW060920050426
42453CB00010B/1836